Todos los libros de Linkgua Ediciones cuentan con modelos de Inteligencia Artificial entrenados por hispanistas. Pregúntale al chat de tu libro lo que desees acerca de la obra o su autor/a.

Para ebooks: Accede a nuestro modelo de IA a través de este enlace.

Para libros impresos: Escanea el código QR de la portada con tu dispositivo móvil.

Obtén análisis detallados de nuestros libros, resúmenes, respuestas a tus preguntas y accede a nuestras ediciones críticas generativas para una experiencia de lectura más enriquecedora.
La transparencia y el respeto hacia la autoría de las fuentes utilizadas son distintivos básicos de nuestro proyecto. Por ello, las respuestas ofrecen, mediante un sistema de citas, las fuentes con las que han sido elaboradas.

Diego Torres de Villarroel

Correo del otro Mundo al Gran Piscátor de Salamanca:

cartas respondidas a los muertos por el mismo Piscátor

Barcelona 2024
Linkgua-ediciones.com

Créditos

Título original: Correo del otro mundo al Gran Piscátor de Salamanca: cartas respondidas a los muertos por el mismo Piscátor.

© 2024, Red ediciones S.L.

e-mail: info@red-ediciones.com

Diseño de cubierta: Michel Mallard.

ISBN rústica ilustrada: 978-84-9007-205-9.
ISBN tapa dura: 978-84-9007-207-3.
ISBN ebook: 978-84-9897-658-8.

Sumario

Brevísima presentación

La vida

Diego de Torres Villarroel (Salamanca, 1693-1779). España. Hijo de un librero, estudió con una beca en la universidad de Salamanca y llevó una vida de aventuras. Fue soldado, buhonero, diácono, autor y editor de almanaques astrológicos que firmaba con el seudónimo de El Gran Piscator de Salamanca, catedrático de matemáticas, exorcista y, finalmente, sacerdote. Francisco de Quevedo influyó en su obra literaria, y en su visión crítica de la sociedad de su tiempo.

Villarroel dio a su actividad literaria un carácter utilitario, publicó sus obras «con el beneficio de la suscripción». Incluso reconocía que el propósito último de publicar libros era económico: «Tú dirás que Torres ha hecho negocio en burlarse de sí mismo y yo diré que tienes razón como soy cristiano».

Cartas respondidas a los muertos por el mismo
Piscátor

A mis amigos los lectores

Yo, lector de mi alma, bastante sabía para ser Racionero (que es ciencia que se estudia a chorros, y se sabe al primer camino). Yo podía ser prebendado, que tengo buena traza, para engordar a palmos, o pudiera (como otros muchos) haberme acomodado para marido, que (a Dios gracias) no lo desmerecería; y ya que tengo, como todos, mi cruz, fuera, con Dios, la del matrimonio, que ésta se lleva a medias. Pero soy un pobre Donado del estado eclesiástico, sin más capellanía ni vínculo que esta pensión de escribirte, que es una admirable prebenda para volverme loco. Y si como te han dado que reír los disparates de mi humor te causarán enojo, mira ¿qué fuera de mí? Y si algún día (como lo temo) te cansan, me será preciso ver si me quieren para ermitaño; aunque estoy tan de mal gesto con mi fortuna, que si lo pretendo, los pasos que me arrastran para intentarlo serán senda para no conseguirlo.

Yo no escribo para que aprendas, ni te aproveches, ni te hagas docto, pues a mí ¿qué se me da que tú seas estudiante o albañil? Allá te las hayas con tu inclinación; que fuera vanidad demasiada quererte enseñar al cabo de tus días y los míos, cuando en todas profesiones tienes admirables sujetos y libros que te instruyan, con otro cuidado y otra paciencia. Yo escribo porque no tengo dinero, ni dónde sacarlo para vestirme, y mantener a mis viejos padres, para recuperarles en parte con estos leves alivios los días de la vida que les quité con mis inobedientes travesuras; y por este indispensable cuidado, sufro conforme los dicterios del tonto, las melancolías del discreto, los misterios del vano, los reparos del crítico, y las impertinencias de todos; que a estos golpes irreparables, voy pronto cuando publico mis trabajos en la plaza del mundo. (No puedo servir a vuestras mercedes, padres míos, con más amor); pues por consolar la porfiada fortuna y enferma vejez en que el ciclo y los días han puesto a vuestras mercedes, me arrojo yo y vendo a mis hijos.

La idea de esta obrilla es pobre, pero no tan desgraciada que no te divierta las ociosidades; y aunque no logres más que arrimarla y hacerla un huequecito entre tus papeles, te contarán los aplicados entre los curiosos, y con estas cartas (como verás en su nota) tengo prevenidos los elementos prácticos y teóricos de todas las facultades. Si me pagas los portes medianamente, me animaré a imprimirte los preceptos que guardo en mi estante, y si no corre la estafeta, me conformaré, pues por ahora no me atrevo a empeñarme para hacer la impresión; pues será chasco doble que yo te escriba y me dejes las cartas en el correo; y si no cambiamos con igualdad tus cuartos por mis libros, cesará nuestra amistad y correspondencia. Pues por eso no he querido ser largo, porque mejor comprarás un pliego regular de cuatro cuartos, que una certificación de veinte reales, con que por conveniencia tuya e interés mío metí la letra y atropella la cortesía. Dígolo para que no repares en los impertinentes tratamientos que usan hoy los corresponsales estadistas; que yo más gasto ingenuidades que ceremonias, y más cuando tengo confianza de tu amistad.

Anímate a comprar las cartas, para que yo pueda cumplirte lo que ofrezco, pues te aseguro (como honrado) que con sus noticias y las que te di en el Viaje fantástico te harás estudiante, y podrás garlar sin miedo con los filósofos, astrólogos, médicos, letrados y místicos. Y aunque no sepas lo que el determinado profesor, para hacerte temido y respetable entre ellos, y para que te escuchen sin molestia, te sobra doctrina, ayudándote tú con tus talentos.

Disculpa por Dios lo mal lineado del estilo en lo tosco de la invención, porque en agarrando la fantasía idea por delante, solo discurre en acabarla, sin detenerse en las prolijidades de pulirla. Y aunque no tiene disculpa el que da al público sus obras sin el provechoso castigo de las voces; como manda más en mí la necesidad que el gusto, por esto atropello los reparos (que yo sospecho notados antes de leídos). Demás que me han dado a conocer los prolijos gestos de los hombres, que no tiene la Retórica modo de escribir que generalmente les agrade, y esta desconfianza me anima a correr sin miedo mi natural estilo, sin violentar la pluma a más reparos que el traje natural con que salieron de la fantasía, aconsejándome el cuidado su pobreza, que tal vez el desaliño de las voces es más crédito de las verdades.

Perdona también (lector mío) que te trate como a tía (porque todo te lo cuento), y aun ahora tengo cortedad de contarte otro trabajito que me sucede, pero lo dejaré para otra ocasión en que esté mi ánimo menos medroso; porque no es justo cansarte tan repetidas veces, cuando yo quiero tu amistad por muchos días. Dios te los dé con mil siglos de gracia; a Dios, y pregunta por Fernando Monje, enfrente de las Gradas de San Felipe, que su casa es el Correo donde hallarás estas cartas. VALE.

Carta del gran Piscátor Sarrahal de Milán al Gran Piscátor, de Salamanca, don Diego Torres Villarroel

No hizo más que apearse de la vida, donde por ahora corre vuestra merced con la falsa moneda de sus cuartos, señor astrólogo salamanqués o salamanquesa (pues donde pica mata), un muerto de mediana edad; pero tan flojo, que cada cuarto se le caía por su lado. Tocóle a éste a la derecha de la mía su caja; y al ruido de estregarle las maderas, dije yo: «¿Quién viene allá?» Y el tal, muy tendido, sin moverse de su ataúd, me respondió: «Un cuerpo a quien un cólico le sopló el alma, y vengo por permisión de Dios a este lugar, que sin duda debe de ser casa de astrólogos, pues no suena por aquí otra cosa que antojos, tablas y compases.» «Algunos profesores se pudren aquí —dije yo—; pero vuestra merced es el que viene antojado; pues los cúbicos, canillas y fémures se le hacen antojos. Estas tablas lo fueron de muslos, y los que sueña compases, son radios, tibias y suras destrozadas, y todo lo que asienta son despojos de nuestras fábricas, que los tenemos asignados mientras llegue el día de recoger cada pobre sus trebejos y vestirnos ante el supremo Tribunal, que nos estamos deshaciendo esperan do esa hora por tener un día, pues hasta ese todo será noche. Y vuestra merced, que es muerto novicio, cuide de sus trastos, que cuando menos piense nos harán la señal, y entre oír la trompeta y montar en los huesos no han de parar instantes de por medio. Y cuenta con los gusanos, que son malos bichos y le esconderán algún casco donde después ande hecho un loco tras él, y se quedará para siempre sin ver el juicio, que aquel día universalmente lo hemos de tener todos por la infinita bondad de Dios.»

«¿Esto tenemos? —dijo el difunto—. Pues ya que por acá no se gasta luz, yo procuraré estar en vela, que soy muerto de todos cuatro costados y es menester dar razón de mi persona y comparecer decente en cualquiera ocasión que se ofrezca.»

Así acabó su prosa. Y quedándose tendido en la caja no volvió a levantar más cabeza. Sentí a este tiempo un ruido hacia los pies; y por lo pronto, consentí que fuese alguna sabandija de las que criamos a nuestros pechos, que se arrimó a morderle los zancajos (que aun aquí no estamos libres de esas mordeduras) o que quiso hacer Pascua en sus carnes, pues ya, de puro roer nuestros huesos, se iban quedando ellas en la espina; hasta que me desengañó la enferma luz de una lámpara que escasamente, por una rima de la losa, se percibe en este caso, y con ella pude ver un librillo con un retrato medio parecido a mí, cuando vivía (que algunos de los que velaron por engañar al sueño le estaban leyendo, y se le quedó olvidado en la caja del difunto), vi que era el Piscátor de Salamanca. Leílo todo; y le aseguro a vuestra merced que me valió no tener tripas; porque a tenerlas, me las hubiera revuelto de tal suerte, que reventara de otro cólico como el que entró a ser morador de estas oscuridades.

Vuestra merced perdone, lo primero esta digresión, que (aunque estoy tan enfadado) he querido sacarle de la duda en que sospecho estaría de cómo vendría a mis uñas su papel, ya que del susto de leer mi carta no le haya podido librar. Lo segundo, el estilo, que yo ha mil eternidades que perdí la memoria de las cartas misivas, y no sé si va arreglado o no. Y por no detenerle, porque vuestra merced no está tan de espacio como yo, quiero ya decirle los justos motivos de mi enojo.

Vuestra merced, señor Pescador, ha echado sus redes por el gran charco de la corte; y sin saber lo que se pesca, ha cogido algunos atunes (que se crían grandes en Madrid), y estos le han hecho la olla gorda a su fama.

No quiero quitarle la gloria de la invención del cebo, que no hay duda que está amasado con una coca, con que ha sabido hacerles la cuca. Sepa vuestra merced que, si ese veneno lo hubiera tenido yo por saludable, no me faltara nada para verterlo por mi Era; pero es contra el juicio y seriedad de la profesión, y no quise cargar la conciencia.

La tabla de Hermes, la rueda que consintió el Venerable Beda en sus obras de Petosiris, los Pronósticos de Jorge Purbachio, ni los juicios de cuantos astrólogos están arrojados por esas cavernas, tuvieron la aceptación que Sarrahal; y hasta el año de diez corrieron felices mis memorias. Yo puse en su punto y en su honra la ciencia pronostiquera; pero ¿cómo? Solamente dictando la pura Matemática de los cálculos y las conjeturables calculaciones de la astral Filosofía. Di puntuales las Lunas y eclipses, bien ajustadas las figuras, los horóscopos con toda precisión, y arreglados los discursos a los filosóficos sistemas de mi tiempo; sin entretenerme en metáforas, que es doctrina de Isopo, que solo sirve para vejar pelones de Colegio. Si la metáfora teatral (que ya supe que vuestra merced dio otro año) se pudiera poner sin ajar el empleo, ¿quién mejor que yo la hubiera escrito? que (como sabe todo el mundo) nací entre la Arietería de la Italia; y Arias y puntas, en pueblo ninguno se gastan más que en mi patria Milán. Las coplas de esta Academia que han servido de cama donde ha echado los aforismos de este año de mil setecientos y veinticinco, es un maldito modo de ajar la profesión; y se le conoce lo escaso que vuestra merced está de noticias de esta ciencia, cuando para llenar cuatro pliegos de papel anda mendigando coplas e ideas para abultar y suplir con sus invenciones, las ignorancias del estudio que sin fundamento sigue.

Yo nunca supe medir un verso; pero nuestro amigo el Gotardo (que está ya mohoso en estos panteones) los hizo decentes, y no los tuvo por tales, pues los arrojó de sus juicios, y no hay duda que es contra el buen ejemplo; porque es mal visto mezclar entre santos y santas, vigilias y ayunos, lo profano de las liras, sonetos y romances. Y también para la honra del mundo, es materia vergonzosa revolver astrólogos con poetas, como si fuéramos todos unos; que en mi Era tenían más hambre que nosotros, y vuestra merced, ya que no se sabe dar a estimar, no quite la honra a los muertos; que de relajado estilo minora vuestra fama. Y si lo huelen por acá más de cuatro difuntos de vergüenza, que descansan en estas oscuridades, nos darán de mano; y entre los demás muertecillos de poco más o menos no habrá quien nos dé con el pie; y sepa vuestra merced que ocultan estas losas muy honrados profesores.

Yo no he sabido la de vuestra merced hasta ahora que se me ha dado a conocer con este Pronóstico, y tal cual vaga noticia que había oído a algunos finados que pasaban a otros encierros o se quedaban en este osario (que en él tenemos todo género de gentes). Pero sin que sea terrible el juicio, pudiera asegurar que, está lleno de enemigos, pues no ha dejado mecánica, ni arte liberal, de quien no se haya burlado en su indiscreto y mordaz, satírico Prólogo. Pues aunque escribe generalmente mal contra el mal uso de las profesiones y ejercicios, como es el mayor número de los vivientes los que así las ejercen, de preciso habla con cada uno de por sí, y a todos en común; y el decir estas verdades siempre ha sido odioso; con que me aseguro que habrá grajeado gran cosecha de contrarios. Y tienen razón, porque vuestra merced satiriza con sobrado desuello e indiscreta resolución lo sagrado de las ciencias. Al médico los debe honrar por necesidad; al teólogo, de justicia; y al letrado, de miedo. Si tienen cuestiones, ¿a vuestra merced qué le importa? Si dudan, harto infelices son en traer inquieta la fantasía y dudosa en elegir lo justo; deje a cada hombre con su tema. Bien se le conoce la mala compañía de las Musas, pues le han trocado en desenvoltura la modestia y seriedad que se gana en la Astrología, y es raro a quien las tales señoras no hacen hablador y mordaz, aunque sea al de la más templada condición.

Señor mío, hablemos claros: vuestra merced no sabe lo que se astrologa; pues lo principal, todo lo yerra; los eclipses y las lunaciones vienen perdidas, y el único fin del buen astrólogo es la verdad de estos movimientos prácticos, que las demás ideas son cuentecitos para las cárceles, o asunto de relaciones para un estrado. Yo me he compadecido de que pierda el talento y no se aplique, ya que ha dado por esta facultad a escribir siquiera cada año, un tomito de las treinta y dos ciencias matemáticas, que esta tarea solo le ganará la inmortalidad, y olvide metáforas y coplas; que si yo me hallara en el Protoastrológico, le pusiera perpetuo silencio en ellas; que la facultad poética es una incurable tiña que se pega en el juicio más bien humorado; y para que desde ahora hasta el tiempo que viva, ponga fin tanto error sus Lunas y cuartos, de caridad le envío en el adjunto pliego la práctica más fiel y más breve de los cálculos, y no se detenga en responder, que el portador es seguro. Tenga vuestra merced salud: de mi podridero, feria ninguna, y por consiguiente, ni día, ni mes, ni año, que por acá solo ferian eternidades.

Besa la mano de vuestra merced quien es su enemigo el de su oficio,

El gran Piscátor Sarrahal de Milán.

Señor Piscátor de Salamanca

Verdaderamente que, para estar enterrado el señor Sarrahal, le sobran alientos. Como murió a puñaladas (salvo sea el embuste), respira por la herida, y por eso moja en sangre la pluma. Pero ya podía habérsele resfriado, porque después de morir muy viejo, pasan ya de treinta años que está sirviendo de refectorio a los gusanos y de añadidura a los terrones. Para capitular de infame esta acción, no había menester más que verla en otro muerto. Díceme que lo que escribo es mal hecho; y no se mira su corcova. Muerto está, y no se conoce. Y si por ser antes finado que yo, piensa que tiene licencia para martirizarme, muere engañado, que los difuntos solo les está bien pedir misas, pero no escribir dicterios. Y si está en paraje donde no le sirven las oraciones, calle su boca y púdrase como pudiere, que lo mismo hago yo, y tengo una vida como una horca. Esto le dijo a mi amigo, y me respondió: «Amigo, si es chasco, responde a quien te lo da, respecto que han de venir por la respuesta. Y si es verdadera carta del otro mundo, también; y sepan los muertos que todavía ha quedado en la vida quien les sepa mullir los huesos. Y esos cálculos que envía, después los podemos reconocer. «No obstante —respondí yo-, debo, solo así por alto, recapacitarme en el contenido de su doctrina; porque de otra suerte será responder a bulto a esta sombra». Registré por mayor la obra; y suplicándole al amigo que tomase la pluma, le dicté la respuesta de este modo:

Respuesta del gran Piscátor de Salamanca al gran Sarrahal de Milán

Recibo la de vuestra mortandad, y aunque no le he merecido que me diga de su salud, por acá se sabe que, si no está bueno, ha muchos a lo menos que no le duele nada. Y bien se conoce que está vuestra merced de espacio, porque para enviarme a decir que leyó mi Pronóstico, y le pareció mal, que está dicho, en lo que tengo dicho, me gasta una historia de un muerto, sobre si se apeaba de la vida, si era flojo y desmadejado, como si en mi vida no supiera yo que es muerte. Los que vivimos, señor mío, desde la escuela del nacer pasamos a la ciencia del morir; y los que tenemos vida, somos los muertos y los vivos. Pero vuestra merced ya es ni vivo ni muerto, sí un terrón de frío polvo que quedó de su muerte y su vida; y si quiere ser muerto, le ha de costar volver a la vida, pues ya no puede morir el que está en la nada del no ser.

Díceme que si hubiera tenido tripas, se las hubiera revuelto mi pronóstico; y en verdad que no sabe vuestra merced la fortuna que ha tenido, que por tener yo estómago, se me han asentado en él sus mentiras, de tal suerte, que toda la triaca magna no resolviera el embargo en que estoy. Siempre fui defensor grande de la facultad y apasionado de vuestra merced. Pero, pues llegó el caso de reñir aquéllas y aquéllos, se descubrirán los hurtos. La vanidad de haberme pintado con antojos, compases, estrellas, libros y bigotes, como yo vi a vuestra merced, me engañó a estudiar y aprender embustes. Y así, no nos creamos oráculos; que, hablando para los dos, todo lo que vuestra merced puso en Sistema de Guerras; en Aries, muertes de potentados; en Piscis, discursos de cometas; en Leo, ruinas de casas viejas; en Escorpio, el desteta niños, compra, ve a caza, recibe criados, etc., es un embeleso para tontos. Y vuestra merced sabe muy bien cómo se pone, para escaparnos siempre de la nota de embusteros y salvar los aforismos. Yo heredé sus embustes, y mañana me sucederá a mí otro bobo que adelante los míos; y siempre habrá quien nos crea, porque siempre habrá mentecatos. Y pues ni a éstos, ni a nosotros, ni a vuestra merced (aun estando en el mundo de la verdad) no ha llegado un sesudo desengaño, y todos estamos incapaces de enmienda, es preciso aguantar, y pase todo. Y si vuestra merced se quiere pudrir, buena ocasión tiene; y aunque acá no faltan, yo procuraré huir hasta lo preciso, que nada del mundo importa tanto como mi, pachorra.

Dice vuestra merced que mis redes no saben lo que se pescan; pero las suyas, señor pescador, ya no saben pescar. Y todo el pleito es porque yo pesco y a vuestra merced le han pescado. El cebo yo lo amasé; y aunque dice que es bueno para pesca de atunes (y que hay muchos en la corte) en su tiempo de vuestra merced no daban los mares otras pescas; y los que hay por acá son más bonitos; y la cosecha de éstos le hicieran a vuestra merced más salado; y por eso nunca corrió tormenta su nave, porque siempre estuvo a la lengua del agua. Pero dejemos metáforas, que vuestra merced no me entiende, aunque yo bien me explico.

No tengo la menor queja de que vuestra osatura me trate mal en su carta, cuando en ella leí el desprecio con que trata al gran Petosiris (a quien honra el Venerable Beda, consintiéndole su rueda en sus escritos) y al insigne Filo-astrólogo Hermes, y en la tabla de éste besó vuestra merced con felicidad el puerto de su fama, y en la rueda de aquél corrió con gran bonanza su fortuna. Y cuando vuestra merced no nos ha dejado otra memoria que un Pronóstico (que lo hacemos acá en ocho días, y nos sobran cincuenta horas) hace mal de querer usurpar la gloria a los antiguos con sus dicterios. Vuestra merced se dio más a conocer (lo mismo nos sucede a todos), pero es la razón, porque la rueda del uno y la tabla del otro no salieron a la vulgaridad, y nuestros papeles no hay bodegón, azotea, zaquizamí ni taberna donde no estén al paso; conque es preciso haber ganado más conocimiento; y la ventaja que vuestra merced nos lleva a los demás es haber nacido sesenta años antes, que en las obras, entre ruin ganado, etcétera.

No quiero creer que le pasó a vuestra difuntez por la fantasía el estilo metafórico que condena en mis Almanaques, porque no me persuado que quisiese, teniendo caudal, enviar a sus hijos, por el mes de Diciembre, desnudos a vagar los lugares de la Europa. Confiésese vuestra merced pobre de manías, y que no supo mientras vivió más que hacer un Pronóstico machacón. La metáfora es un galán vestido de la obra, y aunque sea malo el que yo le he puesto a mis papeles, ya es vestido; los suyos todos los hemos visto en cueros. Y más decente está un cuerpo en camisa que desnudo. Para hacer lo que todos, no hubiera yo salido a la plaza del mundo, porque estoy muy mal con los escritores de este mi siglo, pues no inventan, que trasladan. Yo advertí que nadie leía los Pronósticos, porque se cantaron de un príncipe de Aries; un quídam, un soberano de Géminis, etc., y púselos en solfa, y he logrado que me lean, pues enfastiada la juventud, y enferma toda la gente de los juicios de vuestra merced, no podían tragarlos, y yo les puse en punto de golosina los embustes, y los han tragado, que es el mayor milagro de un remedio hacerlo sabroso, para que no le aborrezca quien lo hubiera de tomar, como vuestra merced no sabe lo que son coplas, habla mal de ellas, y debe de pensar que las que hizo el mohoso Gotardo podían parecer con las que hoy hacen estos ingenios. Los poetas de entonces eran unos perdidos, despilfarrados; ahora hay en Madrid quien los trae en coche. Y poeta tiene la corte que se ha hecho de oro; y uno conozco yo que ha labrado casa. La indignación de vuestra merced es que mezclo a los santos y santas con las coplas; y esto lo aprendí en buena hora; pues cada vez que se reza se le dicen a Dios versos a prima, tercia, sexta, etc., y los villancicos tienen admirables coplas para mover a Dios y alabarle; y los salmos son versos que puso al arpa el santo profeta y celestial músico David. Vuestra merced debió de ser casado, y no vio el Diurno; y por eso ahora escribe sin noticias. Yo tengo dos oficios y con ambos me muero de hambre; pero el más decente es el de poeta; que el de astrólogo me ha ganado crédito de embustero, y éste es oficio, y no ciencia; pues hoy pagan tributo mis Kalendarios, y mis coplas, aunque no son nobles, no pechan.

Díceme que escribiendo con esta claridad me conciliaré enemigos; y me alegrará ver escritor sin ellos. Los que salen por su desgracia a la plaza del mundo a venderse, desde que salen van vendidos: ¿cómo es posible contentar a todos? Al melancólico que me lea, no seré de su gusto, porque escribo chanzas. Y si escribo triste y serio, tendré por enemigo al alegre; y a este número de tristes y alegres añada vuestra merced la infinita copia de envidiosos; verá cómo siempre es mayor el número de los descontentos que el de los apasionados. Yo me he de divertir y pasar con gusto el tiempo que me falta hasta que me llamen de arriba. El que me adula, el que me ofende y el que me engaña, todos me dan motivo de reír, y no más; con que supuesto que no hay modo de vivir para agradar a todos, no me quiera vuestra merced tan mentecato que me ande a caza de ingenios, para lisonjearlos, que yo he de hacer lo que más me agradare. Esta voluntad que yo tengo es mía, y no de mi vecino. Las cosas se dividen en propias y ajenas. De éstas cuide otro; de las propias, yo. Y no tengo cosa más propia ni mía que mi voluntad; con que es razón que yo la mande. Y así no me quejo de que no me premien mis trabajos, porque por esto está en otra mano, y lo que otro me ha de dar no es mío. Ni me entristece que me mande Pedro ni Juan; que esto no es de mi cuenta, ni el que el otro sea descortés, soberbio, avariento, envidioso, bueno o malo. Acciones son de cada uno, que con ellas se ofende a sí propio, no a mí. Corran todos y de mí hagan lo que quisieren.

La última prevaricación de su enojo es la última común manía de los vivos. Llaman sátiras a las verdades y blasfemias huir de las mentiras. Yo no soy satírico, sino incrédulo, duro: que al que no me venga con la demostración en la mano, no lo creeré por cuanto me jure, afirme y asegure. El entendimiento el cautivo a la mayor demostración de las demostraciones, que es nuestra Santa Fe. Las demás noticias, unas dudo, pocas creo, y en las más nos engañan. Porque Galeno soñó la sangría, me quieren encajar que es buena, cuando veo malos efectos. El que quisiere que le crea sus sueños, ha de tomar la paga de mentiras. Protesto que jamás tuve en mis chanzas más objeto que el común, y soy tan modesto, que si mi pluma o mi lengua hubiere dictado el menor defecto del prójimo, en las plazas públicas me retractara. Y cualquier individuo que de otro me haya oído decir el menor dicterio contra su justicia, quiero ser tenido por blasfemo mordaz. En lo que vuestra merced me riñe del desenfado del Prólogo, no tengo escrúpulo, porque hablo de los malos profesores de las Ciencias; y siempre que tenga oportuna ocasión dictaré contra ellos y contra letrados, sin el menor remordimiento; antes lo debiera tener de lo que callo.

Últimamente, me dice que yerro eclipses y Lunas; mas vuestra merced ya no es voto para condenar mis cálculos; porque desde su carnero, que es ya en sus últimos entrefijos de la tierra, mal puede conocer los movimientos de este medio cielo que nosotros descubrimos. Y si vuestra merced lo asegura, sin otra observación que su memoria y lo que llevo sabido desde acá, ya no sirve; porque desde entonces nos ha dejado de voltear el ciclo, y esto todo de arriba abajo. Y si vuestra merced volviera a la vida, no la conociera; porque estamos los sublunares de suerte que no nos conoce ya la naturaleza que nos engendró. Y aunque vuestra merced no es tan viejo que no navegase en las Tablas alfonsinas, éstas están ya muy quebrantadas, y nosotros andamos al retortero para ponerlas corrientes para nuestro uso, y no hay operación en ellas (aunque no sea más que para un cuarto) que no nos cueste un millón. La suya de vuestra merced y el modo de hacer la efeméride para el Lunario, la estimo mucho; pero si no adelantara otra cosa, ésta la tenemos por acá arrimada, por demasiadamente traída.

El consejo de que escriba un tomo cada año de las treinta y dos Matemáticas, lo estimo mucho, si con el aviso me enviara vuestra mortandad diez o doce mil ducados que costara la impresión (que solo dándomelos los gastara; que si yo los tuviera, primero los empleara en agujetas que en escribir boberías). Mas por darle a vuestra merced gusto, protesto tomar ese trabajo, aunque después tenga que dar a misas la obra. Y así, si vuestra merced se halla con algún talego, o sabe de algún difunto que lo quiera prestar (que algunos se enterraron con vuestra merced), envíemelo, que se lo pagaré cuando de este mundo vaya; y por razón del empréstito partiremos los intereses y le lisonjearé con la Dedicatoria.

Señor mío, vuestra merced se consuma como pudiere, que
a mí su triste memoria, ni sus cartas, me quitarán la alegría.
Ya sé que he de ser muerto mañana; pero entretanto, déjeme
vivir, y no me vuelva a enviar papelitos ni cartas, que no
gusto de correspondencias con gentes del otro mundo. De
esta vida mortal, hoy por nuestra cuenta, primero de Mayo
de mil setecientos veinticinco.

De vuestra merced cuando Dios quisiere,

El gran Piscátor de Salamanca.

Señor gran Piscátor Sarrahal de Milán

«Paréceme (perdona que te lo advierta) —dijo mi huésped— que le respondes con sobrado desabrimiento, y no es razón tratar mal a un hombre a quien el mundo dio reverencias. Pues aunque hoy está caído, fue sujeto que puso su piedrecita en las estrellas; y no es justo hacer con su mortandad reverenda lo que hace este siglo con los que derriba, que del inmenso golfo de las adoraciones los baja a los últimos desengaños del desprecio. Morir no es delito, sino ley; y por muerto, nadie pierde. Y así, si mi voto vale, hemos de corregir muchas liviandades, que sin licencia de tu entendimiento ha dictado su fantasía.» «No, amigo —respondí—, no se ha de quitar una letra; que si uno se hace de miel, le comerán los difuntos; y éstos son porfiados; y a cada hora los tendré encima, si no los espanto de esta suerte. El señor Sarrahal, acuérdese que es muerto, y que está con ambos pies en la sepultura; y es menester que se conozca. Él fue un estudiante astrólogo como yo, y hoy es menos; pues aunque los dos convenimos en ser ceniza, yo soy, y su polvo fue; y lo que fue, ya no es. Y pues ya no es, no quiera hacerse gente y meter su cucharada entre los vivos.» «No te mates tú, y hágase lo que quisieres, que ya sé de tu capricho lo irreducible que es. Mi proposición fue solo un buen consejo; ni lo tomas, ni lo sabes aprovechar; pues Dios te ayude.»

Así me decía mi amigo, mostrándome su gesto desabrido. Y cogiendo los preceptos astrológicos en la mano, me preguntó: «¿Y de estos pliegos, qué dispones?» «Nada —le dije—; porque eso ya lo hemos estudiado por acá, y no necesito amontonar papeles.» «Yo lo ignoro, y si me lo permite, lo copiaré para estudiarlos», me dijo.

A que yo respondí: «Arrímalos por ahora hacia ese estanque, que tiempo nos queda para pasarlos, y nos falta leer y dar respuesta a las cartas que siguen.»

Carta de Hipócrates al gran Piscátor de Salamanca

Muy señor mío: Un mortezuelo como del codo a la mano, bullicioso, de los que en el mundo llaman chisgarabís, que nadie sabe de dónde es (aunque, por lo chiquito, le tienen todos por hijo de Madrid). Éste se ha arrimado a la caverna donde nos estamos pudriendo muchos profesores, médicos, químicos y filósofos, y le socorreremos con algún hueso, como lo habíamos de dar a otro. Nos asiste como platicante de cada profesor; pues cuando a vuestra merced se le haga camino por estas roturas, lo verá con los químicos estarse tostando, sin haber fuerzas humanas que lo saquen del fuego: con los médicos desentrañar difuntos y rascar calaveras (que hasta en las sepulturas conservan los hombres las manías de los vivos). Este platicante de muertos es tan mañoso, que se ha ingeniado y ha hecho una mina comunicable al mundo. Y cuando menos pensamos, se aparece allá y se esconde aquí, y no pasa travesura en la vida que no la sepamos puntualmente. Pues entre las curiosidades que suele recoger, nos trajo el Pronóstico de vuestra merced; y haciendo rancho entre los condifuntos amigos, legó el platicante hasta el prólogo o consejo que vuestra merced, discretamente, le dio a su hijo. Y aunque por acá nunca estamos para fiestas, le aseguro que nos alegró mucho, y ya nos dolían los huesos de risa. Yo, pues, aunque estoy ya muy chocho, y no tengo hueso que me quiera bien, y las palabras se me hielan en la boca, con todo eso me enmuerté, y dije a los del rancho, haciendo glosa sobre su prólogo de esta suerte:

«Digno es de llorar el mundo en que hoy se vive, y mal por mal, mejor es nuestra tierra. Cada momento es una ruina. Yo lo dije muchas veces: Motus in fine velocior; y según este mozo escribe, que aunque la lengua es mala, se le conoce que es verdadera. Ya no debe de haber trasto con trasto, ni hombre con vida, ni vida con alma. Vuesas mortandades bien se acordarán de los pliegos que hemos leído aquí en otras ocasiones de don Francisco de Quevedo, y lo que él nos contó del mundo, cuando atravesó por este carnero; pues según este astrólogo viviente, sin duda está más perdido. Dichosos éstos que ni creen a nadie, ni a nadie engañan; éstos conocieron la vida, y los más que estamos aquí nos venimos sin probarla. Galeno (que yace también entre nosotros) gastó los años en desollar monas, para hacer anatomías con el cuerpo humano; manosear cascos de finados para reconocer uniones, suturas y articulaciones, y en bautizar huesos y nombrar coyunturas. Yo lo empleé en mis Aforismos, oler orinas, gustar cámaras, sacudir esputos, tocar humores y palpar apostemas. El insigne Bernardo Travisano, químico, en tragar humo, cocer, calquinar y preparar los entes del embuste filosofal, y todos nos hemos venido en ayunas, sin saber qué es mundo. Creímos que con haber dicho que el hombre es un mundo abreviado, se acababa toda la ciencia. Diógenes, que está entinajado en este osario (que no me dejará mentir), por gran cosa le dijo al hombre: Guignosci se auton, y esto lo dijo por los primores de su fábrica, cuando es más estudio saber los defectos de su propensión. La ciencia, toda consiste en saber vivir sin que le engañen las pasiones propias y las ajenas. El aplicado debe estudiar primero en los libros de su razón, y después seguir las huellas de todos: el camino del médico, la senda del filósofo, el vuelo del teólogo, la carretera de la plata del letrado, los rincones del químico y los escondites del mecánico. El que es docto en una profesión, es necio en todo; porque cebarse en apurar lo infinito es bobería, e ignorarlo todo es desgracia. Yo me lastimaba, cuando vivía, de la sencillez de los enfermos que cuidaba; pues, a pesar de sus achaques, creían mis voces; y puedo jurar que no conocí la más leve idea de calentura, hasta que vi la enfermedad en el estado (y entonces el mismo paciente la conoce); y para desvanecer la primera relación, buscaba mi Filosofía escapatorias y evasiones con que disminuir primer concepto. Pero aunque me libraba de réplicas, no me escapé de las acusaciones del interior. Y así, desengáñese vuestras mortandades que el saber es lo que hace este muchacho del prólogo; encargarse de los elementos de todas las facultades. Estudiando después en su razón natural, se bandeará e instruirá en todas las profesiones, averiguando el modo con que todos mentimos y pasamos. Y Dios nos libre de un bribón de éstos; que si da tras nosotros, no nos dejará hueso sano.»

Estas razones dije yo a mis concolegas difuntos con tanta verdad como si me estuviera muriendo. Pero de vuestra merced a mí, señor Piscátor, le diré lo que verdaderamente siento, permitiéndome antes que le riña la mala elección que ha tenido de aplicar sus talentos. La elección de muchos libros, es dañosísima lección. Los que han escrito y llenado las imprentas de papel fueron hombres como vuestra merced, y no es razón creérselo todo; pues, pocos dictaron verdades puras con el deseo de nuestro aprovechamiento. Unos escribieron por ostentar su melancólica discreción; otros por sacudir las vanidades del ingenio; unos por envidia de los otros, y otros por seguir las contrariedades de su condición; y todos trabajaron los elementales sistemas de los estudios. Y así, en la que yo profesé, como en las demás, se advierten lastimosamente barajados los principios; con que la razón natural del viviente se halla precisada a no saber elegir entre el vasto y anchuroso mar de opiniones. Por lo que debo aconsejar a vuestra merced que si leyó los principales sistemas, no lea las porfías de sus comentadores; estudie en sí mismo, que en el entendimiento humano está sembrada la semilla de todas las ciencias, y para que ésta se aumente, basta el primer baño elemental; pues con el infructuoso riego de otras aguas más se sofoca que florece.

Mi queja con vuestra merced, señor astrólogo, es haber visto el desprecio con que trata y carga la mano a los pobres médicos, además de la común desdicha que padecen en el mundo. Los astrólogos los tienen por misteriosos retirados; a los jurisconsultos los venera la ignorancia como oráculos; a los filósofos como embelesados; y unos de medrosos y otros de suspendidos, se imaginan de ocultos misterios en sus expresiones. La infeliz arte de Apolo continuamente vive entre sus enemigos; pues no al necio, ni vieja, ni perdulario, que no son preciso de entender nuestros aforismos; y no hay ente en la naturaleza que no se aplique para universal remedio en los achaques. La poca obediencia del enfermo y la pertinaz falencia del arte son poderosos enemigos de nuestras seguridades. Yo lo confieso por la ciencia, al principio de mis obras, en las cuatro palabras: Ars longa, vita brevis; occasio praeceps, experimentum pericolosum, judicium difficile. Y además de la brevedad de la vida y del poco juicio de nuestras conjeturas, nunca conocemos las impenetrables magias ocultas de la naturaleza, sus extensiones y movimientos, que siempre circulan al revés de lo que discurre el arte. Y en fin, nuestra mayor desdicha es ir a curar y dar salud al hombre enfermo que nació achacoso y con la inevitable pasión del morir. Y nada me confundía en los enfermos que cuidaba, tanto, como la diversidad de movimientos en una misma idea de achaque. Que un tabardillo no se parezca al dolor de costado, que una terciana se distinga de la cuartana, y un reumatismo de la gangrena, pase; pero que un dolor de costado no sea como otro, ni un tabardillo como otro tabardillo, ni un cólico como otro cólico, es lo que me hizo perder el norte de los juicios. Y esta fue la causa de haber llenado yo estos osarios de cadáveres. Pues hasta que me desengañaron las experiencias, tenía creído que un hombre no se distinguía de otro hombre, regulando por su fábrica sus temperamentos; y con un simple invento quise sanar a todos (que es lo mismo que intentar que se calce con una horma todo un pueblo). Y hoy, por ser mayor el estudio, es más grande la ignorancia de los profesores; pues cada momento estamos recibiendo difuntos, enviados más por los médicos que por sus achaques.

Los enfermos es la peor especie de contrarios que tienen nuestros juicios; pues no se oyen más que falsedades en sus bocas; y su condición, agitada de las dolencias del mal, se hace irreducible al precepto. Si los mandaba beber a una hora, su sed una hora adelantaba los relojes. Si prevenía aguardar el sudor, por no padecer las congojas del cordial y el peso de una sábana, desabrigaban los cuerpos; y siempre encontraba nuevo achaque a que acudir. Los ascos del purgante, por amargos los desprecian; al jarabe por empalagoso; con que tiene contra sí la curación la poca verdad del enfermo, lo oculto del mal, la escondida condición del achaque; las burlas de la naturaleza, la ninguna obediencia al físico. Añada vuestra merced a estas partidas la de arcs longa, vita brevis, etc., conocerá que los mayores defectos de la profesión consisten más en las temeridades ajenas que en la idea del juicio propio (discurriendo con elementales principios). Por lo que puedo asegurar a vuestra merced que estos podrideros están manando en difuntos; y a los más los han traído sus mismas intemperancias. Y así, se vienen ellos, dejando desacreditado el físico. Otros nos envían ellos, y son bastantes. A otros los llama Dios, y éstos son menos; y a otros los arroja la vida, cansada ya de la larga cárcel de la tierra; y éstos son muy contados; y el mayor número nos lo envía el exceso y la medicina; pues verdaderamente, debo confesar que nuestro estudio está fundado solo en los antojos del capricho y en el movimiento del humor. La arte es larga, como tengo dicho a vuestra merced. Y aun a mí, siendo viejo (como lo dejé dicho antes de morir) me faltó el tiempo para experimentar; y si yo volviera a agarrar la vida, solo la gastara en la práctica útil de la cabecera, y borrara impertinentes filosofías. Pues, sin tanto argüir, se puede conservar menos enfermas nuestra vida. Yo aborrecí lo empírico, pero hoy conozco que es fortuna del enfermo y casualidad feliz del médico, que guiado solo del dolor, sin formalizar sobre la materia pecante, aplique experimentado remedio, que para el fin de la sanidad basta saber su provecho sin controvertir el modo de causarlo ni en qué parte; pues la experiencia la registra el tacto de los ojos y la enfermedad es un discurso que, puesto en historia, mueve mayores dudas; a cuyo fin, remito a vuestra merced esa farmacopea para que los cosarios males que nos afligen, y tengo tanta seguridad en ella, que si volviera a curar, no usara más botica que esos simples, en cambio de la noticia que espero de vuestra merced en que me cuente el estado y pasos con que caminan hoy mis sucesores.

Vuestra merced procure, ya que es escritor (de que me lastimo bastante), dos cosas. La primera, hablar la verdad y con sencillez cristiana en su doctrina. Y la segunda, que le encargo para su bien que modere el estilo y no quiera, por gracioso, echar a perder lo sólido de sus pensamientos. Porque, si le hueles el humor, reirán el chiste y despreciarán el aviso; pues los más hombres son poco advertidos. Y como tiene paladar para todo, comen el gracejo y se quedan en ayunas del fin con que se pone. Y la vanidad de nuestra merced ha de mirar a aprovecharlos y no a entretenerlos. Y si dicta como hasta aquí, más se hará visible que apreciable; y es pecaminoso empleo dictar juguetes para el siglo, cuando puede adelantar verdades a la posteridad. Dios le dé a vuestra merced la vida que no tengo y le mantenga lo que no fuese servido, aunque yo me prive del gusto de conocerle por algunos instantes. De la oscuridad de mi eterna noche.

De vuestra merced, servicial amigo,

Hipócrates.

Señor Piscátor de Salamanca.

Respuesta del gran Piscátor de Salamanca al físico médico Hipócrates

Solo a la discreción de vuestra defuntez, muy señor muerto, debe mi torpeza el gusto de haber salido de la confusión de una duda en que los demás muertos me dejaron (que no solo vuestra merced es quien me escribe); y debo a la luz de vuestra merced la noticia de haberme alumbrado, para que sepa la mina por donde se coló el tizón licenciado que fue posta de estas cartas; pues por donde entra un diablo, bien cabe otro; y le doy las gracias de que recojan a ese muertecillo (que no dudo, según la pinta, que será hijo de la corte) y que le hagan la caridad de enseñarlo y mantenerlo (aunque creo que no será hombre jamás); pero al lado de vuestras mortandades podrá elegir una muerte descansada.

Vuestra defuntez me honra en vida con todos entre sus con difuntos; pero hablando con amistad, amigo mío, yo soy solamente un curioso que paso con la enfermedad de cuatro noticias que me tienen estragado el talento; porque unas están sin cocer el fundamento impuro; y de estas crudezas padece el seso continuas opilaciones. Cuando empezaba a alimentarme en mis estudios, me quitó el dulce regalo de la sazón, la infeliz fortuna (que siempre me ha traído al retortero) poniéndome el pisto en manos ajenas. Una desgracia en los pobres sudores de mis padres cortó las ideas con que intentaban criarnos como a hijos de honrados. Despés mis vicios, mi pobreza, mi genio, los malos amigos y los buenos enemigos, me pusieron en el infeliz estado de tonto. Apresóme la hambre, e hice de ella virtud, y con el ansia de comer, me apliqué a la primera vacante, como al pobre a quien la casa la justicia con mujer sin dote y sin tener oficio, que luego pretende comisiones, se aplica a los estancos, se pone a peón, alguacil, agente, etc.; que el pobre que tiene familia busca el pan en la primer plaza que le sale; que la misericordia de Dios y providencia de los hombres tiene en el mundo estos colegios para los arrepentidos de holgazanes, que la necesidad hace hábil para todo el que antes no lo fue para nada, y se halla oficial en cualquier arte. Así yo, unas veces pretendía en la Medicina, otras en las Leyes; echaba memoriales al cielo, y, por su bondad, me hallé la conveniencia de astrólogo; que, aunque no vale mucho, al fin, amigo, iba cogiendo créditos; y con mis manos libres había de subir hasta quinientos ducados. Pero ya me la ha quitado mi desdicha; cumpliendo, como sabe todo mundo, con mi obligación. Y ya no sé qué hacerme, que estoy tan aburrido, que si por allá hubiese algún empleo en qué pasar la vida, le aseguro a vuestra mortandad que marchara. No niego que eché a la calle algunas ideas mal vestidas; pero como trabajaba con precisión, las miraba con asco, sin valerles la recomendación de propias; que si yo tuviera otra capellanía, sujetara la pluma a la razón, y no saliera de mi fantasía idea que no la castigase el entendimiento, antes que vocería de los críticos. Pero yo, amigo, solo voy a llenar papel, y así, aunque mi prólogo contenga algunas menos decentes voces contra los profesores de Apolo, vuestra merced sabe disimularlas, por la ingenuidad que le digo que no son más que voces.

La escasa luz que de sus obras de vuestra merced iluminó la corta esfera de mi capacidad fue el estímulo que me movió a clamar contra los profesores médicos. Porque en la práctica que hoy veo observada (la casualidad me llevó a algunas juntas) es distinta de lo que vuestra merced dejó dicho. Ya debemos enfermar de otra suerte, porque las curaciones son distintas. Hasta los trajes han mudado los médicos; pues en otro tiempo vestían ropas que le determinaron las escuelas, y ahora se arman de soldados, con cabelleras, tacones y espadas; y no los tiene el rey mejores. Pues si entre tantos arbitrios, hubiera dispuesto la política razón de Estado enviarlos a los enemigos, allí apocarían el número de las gentes, y acá nos quedarían nuestros vivos. Los hombres que nacieron de treinta años a esta parte son de otra figura. Ya las anatomías no se hacen como en el siglo de Galeno. Ya no es el hombre, ni su figura. Los males no son los que solían, todo está mudado; porque los humores se han revenido en ácido alcalí, sólido y líquido. Y en las liebres se ha descubierto otra cosita, que se llama crispatura. Vuestra mortandad cuidaría de dos o tres enfermos al día; pero acá los despachan con más brevedad. Tienen tantos a que acudir, que por no bastarles sus dos pies a cada médico, los aprendices empiezan por cuatro, y los más introducidos llevan ocho y van rodando a carrera tendida por su doblón (que esto cuesta regularmente, en la corte) a tentar un pulso y dar una pesadumbre más al paciente. En las juntas todavía se usa historiar la dolencia, las causas, signos, pronósticos y curación. En la historia todos callan, como toca al médico de cabecera. Las causas se ignoran; los signos se disputan, los pronósticos se atropellan, y la curación se pierde, y cuando mejor logramos, es haber visto en cuestión nuestra vida.

Las que llaman señales son chismes y cuentecillos de la naturaleza, y testimonios que levantan a nuestros órganos. La aplicación del remedio va destinada, cuando son tan disputables los motivos, para una vida sola que malogramos (¡Válgame Dios!) cercada de tantas muertes. En la vocería médica ya no se escuchan facultades, humores, meatos, sino el sólido, el ácido, el sulfur, y otros términos que a vuestra merced se le quedaron en el tintero. Yo no quiero acusarlos; pero vuestra merced no los defienda tanto, que ellos, por su Arbeo y su

Tomás Uvilis y otros, han vendido a vuestra merced; de suerte, que si no es el que le conozca, nadie le comprara. Y allá tiene vuestra merced otro licenciado, que se llamó Synapio, que escribió contra vuestra merced un tomo que se intitula: De vanitate, et falsetate aphorismorum Hippocratis. Solo en una cosa siguen a vuestra merced, y es, en que nos los mandan confesar para morir. Los que vuestra merced curaba no lo habían menester, pero a nosotros que vamos por otro camino, nos niegan entrar con felicidad al perdurable término a que aspiramos. De irremediables motivos nace en ellos esta ocultación: el primero, es la ignorancia del mal; el segundo, la vanidad de libertarlos; el tercero, la mal usada adulación; y otros muchos que vuestra merced podrá discurrir sin cansarme yo, ni mortificarle.

Vuestra merced les mandó, en sus Aforismos, la precisa observación de los días críticos, yudicativos, intercidentes en las enfermedades agudas, y exacte peragudas, y que tuviesen gran cuidado con las estaciones del Sol y movimientos de la Luna, porque estos conocidos planetas son los primeros agentes que disponen más inmediatos al aire; y éste mezclado con los influjos se hace a la impresión en los sublunares. Pues, señor muerto, ahora, cuando se sospecha peligro en los influjos de la Luna, se cierra la ventana, porque no entren, que dicen que el pino y el lodo defienden las impresiones. Las cuartas del año todas son unas: el calor del estío se hace verano cuando se les antoja; ya no pasan días críticos, porque usamos enfermar en mejor ocasión que los enfermos que vuestra merced tuvo. Ya padecemos unos males más acomodados. Los enfermos de Pedro Miguel de Heredia ya murieron; los de Galeno ya están hechos tierra; y los de Avicena son polvo. Y en fin, ya de vuestra merced no se hace el menor aprecio. Y aun dicen estos médicos de por acá que si el señor

Hipócrates viniera al mundo, había menester de nuevo estudiar la Medicina.

Ésta, su profesión de vuestra merced, como le tengo dicho, ya ninguno la profesa como empleo, sino como negocio: es facultad que siempre tuvo sus intereses en nuestras glotonerías, y como en cajas seguras aplican su caudal, y se hallan a pocos días curanderos de fama. A la juventud la crían en las Universidades en las porfías: ¿Si Dios puede hacer entes de razón?¿Si la Lógica es simple cualidad? Considere vuestra merced que tiene que ver el pulso con el... etc. En las anatomías no tienen ejercicio, porque sienten de muerte los recién difuntos que se les corte el pellejo, y lo han hecho caso de honra; con que ya no se puede pillar un muerto por el ojo de la cara. Y estos tratados en nuestra España dicen que no son menester; porque han averiguado que las circulaciones de la sangre de un año no sirven para otro. Los huesos cartilaginosos, tendones, músculos y libras tienen por un mes una figura, y cada día menguan y crecen; con que no quieren cansarse en fatigar la memoria en estudio que muda sistemas, conforme las edades. Los años que profesan en las Universidades, les dictan sus maestros cuatro materias de pulsos, orinas, síntomas y algo de sanitate tuenda, con su recetario o farmacopea al fin, para guiñar el ojo al boticario (así como el que vuestra merced me envía), y sin otro estudio que estas teóricas impertinentes, pasan a las cortes, ciudades y villas, a amontonar muertos con licencia de los reyes y con sentimiento de nuestras ignorancias; pues fiada la sencillez de la noticia, nos entregamos al destino de sus temerarias ideas; obligando la razón de estado a cumplir con las ceremonias de la cortesía, a quien hizo cubrir de tierra a los que nos engendraron.

El último consejo que vuestra merced me da, bien sé yo que es muy prudente, serio y como de su gran juicio. Pero, si supiera como está el mundo, no me aconsejara con tanta modestia. Se pierde (amigo Hipócrates) la lección que no contiene estas risas; y a todos nos tiene cuenta. A mí, porque en este estado no son tan reparables los defectos, porque permite voces menos limadas la composición y para las gentes del mundo en que estamos es preciso escribirles así; que de otra suerte, no lo miran. Conque para todos nos está bien; pues yo escribo sin fatiga, y ellos leen sin asco. No se me ofrece otra cosa que responder a vuestra mortandad; y de nuevo le doy las gracias por el inventario de recetas que, pues ya me han robado el oficio de Pronóstico, tomaré el de curandero; que bien sé yo que lo luciré, como lo estudie como él es, a pesar de muchos delirantes. Dios guarde la inmortalidad de vuestra merced. De mi posada: Madrid y mayo 2 de 1725.

De vuestra merced su íntimo apasionado

El Piscátor de Salamanca.

Señor Hipócrates mío.

Libros a la carta

A la carta es un servicio especializado para
empresas,
librerías,
bibliotecas,
editoriales
y centros de enseñanza;
y permite confeccionar libros que, por su formato y concepción, sirven a los propósitos más específicos de estas instituciones.

Las empresas nos encargan ediciones personalizadas para marketing editorial o para regalos institucionales. Y los interesados solicitan, a título personal, ediciones antiguas, o no disponibles en el mercado; y las acompañan con notas y comentarios críticos.

Las ediciones tienen como apoyo un libro de estilo con todo tipo de referencias sobre los criterios de tratamiento tipográfico aplicados a nuestros libros que puede ser consultado en Linkgua-ediciones.com.

Linkgua edita por encargo diferentes versiones de una misma obra con distintos tratamientos ortotipográficos (actualizaciones de carácter divulgativo de un clásico, o versiones estrictamente fieles a la edición original de referencia).

Este servicio de ediciones a la carta le permitirá, si usted se dedica a la enseñanza, tener una forma de hacer pública su interpretación de un texto y, sobre una versión digitalizada «base», usted podrá introducir interpretaciones del texto fuente. Es un tópico que los profesores denuncien en clase los desmanes de una edición, o vayan comentando errores de interpretación de un texto y esta es una solución útil a esa necesidad del mundo académico.

Asimismo publicamos de manera sistemática, en un mismo catálogo, tesis doctorales y actas de congresos académicos, que son distribuidas a través de nuestra Web.

El servicio de «libros a la carta» funciona de dos formas.

1. Tenemos un fondo de libros digitalizados que usted puede personalizar en tiradas de al menos cinco ejemplares. Estas personalizaciones pueden ser de todo tipo: añadir notas de clase para uso de un grupo de estudiantes, introducir logos corporativos para uso con fines de marketing empresarial, etc. etc.

2. Buscamos libros descatalogados de otras editoriales y los reeditamos en tiradas cortas a petición de un cliente.

www.ingramcontent.com/pod-product-compliance
Lightning Source LLC
Chambersburg PA
CBHW021400160726
47994CB00007B/3021